Gutschein Nr. 1

Kategorie:
- ☐ Essen & Trinken
- ☐ Wellness & Entspannung
- ☐ Ausflug & Reise
- ☐ Verrücktes & Kreatives
- ☐ Schönes & Praktisches

Wann und wo:

Tag: _____

Zeit: _____

Ort: _____

Was dich erwartet:

_____

_____

_____

Gültig bis:

_____

Was du dafür brauchst:

_____

_____

_____

Von/Mit:

_____

_____

_____

Hier entwerten!

Gutschein Nr. 2

Kategorie:
- ☐ Essen & Trinken
- ☐ Wellness & Entspannung
- ☐ Ausflug & Reise
- ☐ Verrücktes & Kreatives
- ☐ Schönes & Praktisches

Wann und wo:

Tag: _____

Zeit: _____

Ort: _____

Was dich erwartet:

_____

_____

_____

Gültig bis:

_____

Gutschein Nr. 3

Kategorie:
- 🐟 ☐ Essen & Trinken
- ☀ ☐ Wellness & Entspannung
- ✈ ☐ Ausflug & Reise
- ✿ ☐ Verrücktes & Kreatives
- ♡ ☐ Schönes & Praktisches

Wann und wo:

Tag: _____

Zeit: _____

Ort: _____

Was dich erwartet:

_____

_____

_____

Gültig bis:

_____

Was du dafür brauchst:
_____
_____
_____

Von/Mit:
_____
_____
_____

Hier entwerten!

Gutschein Nr. 4

Kategorie:
- 🐟 ☐ Essen & Trinken
- ☀️ ☐ Wellness & Entspannung
- ✈️ ☐ Ausflug & Reise
- ❀ ☐ Verrücktes & Kreatives
- ♡ ☐ Schönes & Praktisches

Wann und wo:

Tag: _____

Zeit: _____

Ort: _____

Was dich erwartet:

_____

_____

_____

Gültig bis:

_____

Gutschein Nr. 5

Kategorie:
- 🐟 ☐ Essen & Trinken
- ☀️ ☐ Wellness & Entspannung
- ✈️ ☐ Ausflug & Reise
- 🌸 ☐ Verrücktes & Kreatives
- ♡ ☐ Schönes & Praktisches

Wann und wo:

Tag: _____

Zeit: _____

Ort: _____

Was dich erwartet:

_____

_____

_____

Gültig bis:

_____

Gutschein Nr. 6

Kategorie:
- 🐟 ☐ Essen & Trinken
- ☀ ☐ Wellness & Entspannung
- ✈ ☐ Ausflug & Reise
- ❀ ☐ Verrücktes & Kreatives
- ♡ ☐ Schönes & Praktisches

Wann und wo:

Tag: _____

Zeit: _____

Ort: _____

Was dich erwartet:

_____

_____

_____

Gültig bis:

_____

Gutschein Nr. 7

Kategorie:
- 🐟 ☐ Essen & Trinken
- ☀ ☐ Wellness & Entspannung
- ✈ ☐ Ausflug & Reise
- ❀ ☐ Verrücktes & Kreatives
- ♡ ☐ Schönes & Praktisches

Wann und wo:

Tag: _____

Zeit: _____

Ort: _____

Was dich erwartet:

_____

_____

_____

Gültig bis:

_____

Gutschein Nr. 8

Kategorie:
- ☐ Essen & Trinken
- ☐ Wellness & Entspannung
- ☐ Ausflug & Reise
- ☐ Verrücktes & Kreatives
- ☐ Schönes & Praktisches

Wann und wo:

Tag: _____

Zeit: _____

Ort: _____

Was dich erwartet:

_____

_____

_____

Gültig bis:

_____

Gutschein Nr. 9

Kategorie:
- 🐟 ☐ Essen & Trinken
- ☀ ☐ Wellness & Entspannung
- ✈ ☐ Ausflug & Reise
- ✿ ☐ Verrücktes & Kreatives
- ♡ ☐ Schönes & Praktisches

Wann und wo:

Tag: _____

Zeit: _____

Ort: _____

Was dich erwartet:

_____

_____

_____

Gültig bis:

_____

20

Was du dafür brauchst:

_____

_____

_____

Von/Mit:

_____

_____

_____

Hier entwerten!

Gutschein Nr. 10

Kategorie:
- 🐟 ☐ Essen & Trinken
- ☀ ☐ Wellness & Entspannung
- ✈ ☐ Ausflug & Reise
- ✿ ☐ Verrücktes & Kreatives
- ♡ ☐ Schönes & Praktisches

Wann und wo:

Tag: _____

Zeit: _____

Ort: _____

Was dich erwartet:

_____

_____

_____

Gültig bis:

_____

Gutschein Nr. 11

Kategorie:
- ☐ Essen & Trinken
- ☐ Wellness & Entspannung
- ☐ Ausflug & Reise
- ☐ Verrücktes & Kreatives
- ☐ Schönes & Praktisches

Wann und wo:

Tag: _____

Zeit: _____

Ort: _____

Was dich erwartet:

_____

_____

_____

Gültig bis:

_____

Was du dafür brauchst:

_____
_____
_____

Von/Mit:

_____
_____
_____

Hier entwerten!

Gutschein Nr. 12

Kategorie:
- 🐟 ☐ Essen & Trinken
- ☀ ☐ Wellness & Entspannung
- ✈ ☐ Ausflug & Reise
- ✿ ☐ Verrücktes & Kreatives
- ♡ ☐ Schönes & Praktisches

Wann und wo:

Tag: _____

Zeit: _____

Ort: _____

Was dich erwartet:

_____

_____

_____

Gültig bis:

_____

Gutschein Nr. 13

Kategorie:

- 🐟 ☐ Essen & Trinken
- ☀️ ☐ Wellness & Entspannung
- ✈️ ☐ Ausflug & Reise
- ❀ ☐ Verrücktes & Kreatives
- ♡ ☐ Schönes & Praktisches

Wann und wo:

Tag: _____

Zeit: _____

Ort: _____

Was dich erwartet:

_____

_____

_____

Gültig bis:

_____

Gutschein Nr. 14

Kategorie:
- ☐ Essen & Trinken
- ☐ Wellness & Entspannung
- ☐ Ausflug & Reise
- ☐ Verrücktes & Kreatives
- ☐ Schönes & Praktisches

Wann und wo:

Tag: _____

Zeit: _____

Ort: _____

Was dich erwartet:

_____

_____

_____

Gültig bis:

_____

Gutschein Nr. 15

Kategorie:
- 🐟 ☐ Essen & Trinken
- ☀ ☐ Wellness & Entspannung
- ✈ ☐ Ausflug & Reise
- ❀ ☐ Verrücktes & Kreatives
- ♡ ☐ Schönes & Praktisches

Wann und wo:

Tag: _____

Zeit: _____

Ort: _____

Was dich erwartet:

_____

_____

_____

Gültig bis:

_____

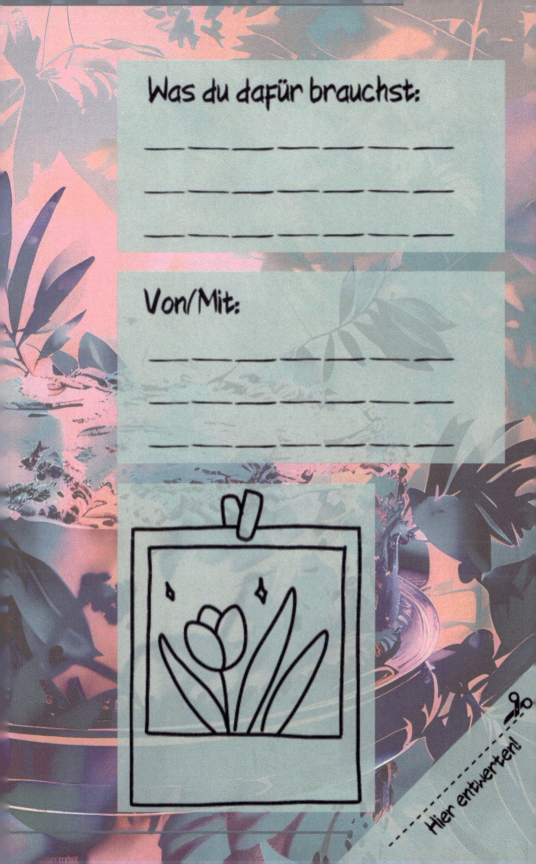

Gutschein Nr. 16

Kategorie:
- 🐟 ☐ Essen & Trinken
- ☀️ ☐ Wellness & Entspannung
- ✈️ ☐ Ausflug & Reise
- ❀ ☐ Verrücktes & Kreatives
- ♥ ☐ Schönes & Praktisches

Wann und wo:
Tag: _____
Zeit: _____
Ort: _____

Was dich erwartet:
_____
_____
_____

Gültig bis:
_____

Was du dafür brauchst:

_____

_____

_____

Von/Mit:

_____

_____

_____

Hier entwerten!

Gutschein Nr. 17

Kategorie:
- ⌦ ☐ Essen & Trinken
- ☀ ☐ Wellness & Entspannung
- ✈ ☐ Ausflug & Reise
- ✿ ☐ Verrücktes & Kreatives
- ♡ ☐ Schönes & Praktisches

Wann und wo:

Tag: _____

Zeit: _____

Ort: _____

Was dich erwartet:

_____

_____

_____

Gültig bis:

_____

Was du dafür brauchst:

_____

_____

_____

Von/Mit:

_____

_____

_____

Hier entwerten!

Gutschein Nr. 18

Kategorie:
- ☐ Essen & Trinken
- ☐ Wellness & Entspannung
- ☐ Ausflug & Reise
- ☐ Verrücktes & Kreatives
- ☐ Schönes & Praktisches

Wann und wo:

Tag: _____

Zeit: _____

Ort: _____

Was dich erwartet:

_____

_____

_____

Gültig bis:

_____

Was du dafür brauchst:

_____
_____
_____

Von/Mit:

_____
_____
_____

Hier entwerten!

Gutschein Nr. 19

Kategorie:

- ⌦ ☐ Essen & Trinken
- ☼ ☐ Wellness & Entspannung
- ✈ ☐ Ausflug & Reise
- ✿ ☐ Verrücktes & Kreatives
- ♡ ☐ Schönes & Praktisches

Wann und wo:

Tag: _____

Zeit: _____

Ort: _____

Was dich erwartet:

_____

_____

_____

Gültig bis:

_____

Was du dafür brauchst:
_____
_____
_____

Von/Mit:
_____
_____
_____

Hier entwerten!

Gutschein Nr. 20

Kategorie:
- 🐟 ☐ Essen & Trinken
- ☀ ☐ Wellness & Entspannung
- ✈ ☐ Ausflug & Reise
- ❀ ☐ Verrücktes & Kreatives
- ♡ ☐ Schönes & Praktisches

Wann und wo:

Tag: _____

Zeit: _____

Ort: _____

Was dich erwartet:

_____

_____

_____

Gültig bis:

_____

Gutschein Nr. 21

Kategorie:
- 🐟 ☐ Essen & Trinken
- ☀️ ☐ Wellness & Entspannung
- ✈️ ☐ Ausflug & Reise
- ❀ ☐ Verrücktes & Kreatives
- ♡ ☐ Schönes & Praktisches

Wann und wo:

Tag: _____

Zeit: _____

Ort: _____

Was dich erwartet:

_____

_____

_____

Gültig bis:

_____

Gutschein Nr. 22

Kategorie:
- 🐟 ☐ Essen & Trinken
- ☀ ☐ Wellness & Entspannung
- ✈ ☐ Ausflug & Reise
- ❁ ☐ Verrücktes & Kreatives
- ♡ ☐ Schönes & Praktisches

Wann und wo:
Tag: _____
Zeit: _____
Ort: _____

Was dich erwartet:
_____
_____
_____

Gültig bis:
_____

Gutschein Nr. 23

Kategorie:
- 🐟 ☐ Essen & Trinken
- ☀ ☐ Wellness & Entspannung
- ✈ ☐ Ausflug & Reise
- ✿ ☐ Verrücktes & Kreatives
- ♡ ☐ Schönes & Praktisches

Wann und wo:

Tag: _____

Zeit: _____

Ort: _____

Was dich erwartet:

_____

_____

_____

Gültig bis:

_____

Gutschein Nr. 24

Kategorie:
- 🐟 ☐ Essen & Trinken
- ☀ ☐ Wellness & Entspannung
- 🛩 ☐ Ausflug & Reise
- ❀ ☐ Verrücktes & Kreatives
- ♡ ☐ Schönes & Praktisches

Wann und wo:

Tag: _____

Zeit: _____

Ort: _____

Was dich erwartet:

_____

_____

_____

Gültig bis:

_____

Gutschein Nr. 25

Kategorie:
- 🐟 ☐ Essen & Trinken
- ☀ ☐ Wellness & Entspannung
- ✈ ☐ Ausflug & Reise
- ❀ ☐ Verrücktes & Kreatives
- ♡ ☐ Schönes & Praktisches

Wann und wo:

Tag: _____

Zeit: _____

Ort: _____

Was dich erwartet:

_____

_____

_____

Gültig bis:

_____

Was du dafür brauchst:

_____

_____

_____

Von/Mit:

_____

_____

_____

Hier entwerten!

Gutschein Nr. 26

Kategorie:
- 🐟 ☐ Essen & Trinken
- ☀ ☐ Wellness & Entspannung
- ✈ ☐ Ausflug & Reise
- ❀ ☐ Verrücktes & Kreatives
- ♡ ☐ Schönes & Praktisches

Wann und wo:

Tag: _____

Zeit: _____

Ort: _____

Was dich erwartet:

_____

_____

_____

Gültig bis:

_____

Gutschein Nr. 27

Kategorie:
- 🐟 ☐ Essen & Trinken
- ☀ ☐ Wellness & Entspannung
- ✈ ☐ Ausflug & Reise
- ❀ ☐ Verrücktes & Kreatives
- ♡ ☐ Schönes & Praktisches

Wann und wo:

Tag: _____

Zeit: _____

Ort: _____

Was dich erwartet:

_____

_____

_____

Gültig bis:

_____

Gutschein Nr. 28

Kategorie:
- 🐟 ☐ Essen & Trinken
- ☀ ☐ Wellness & Entspannung
- ✈ ☐ Ausflug & Reise
- ❀ ☐ Verrücktes & Kreatives
- ♡ ☐ Schönes & Praktisches

Wann und wo:

Tag: _____

Zeit: _____

Ort: _____

Was dich erwartet:

_____

_____

_____

Gültig bis:

_____

Gutschein Nr. 29

Kategorie:
- 🐟 ☐ Essen & Trinken
- ☀️ ☐ Wellness & Entspannung
- ✈️ ☐ Ausflug & Reise
- ✿ ☐ Verrücktes & Kreatives
- ♡ ☐ Schönes & Praktisches

Wann und wo:

Tag: _____

Zeit: _____

Ort: _____

Was dich erwartet:

_____

_____

_____

Gültig bis:

_____

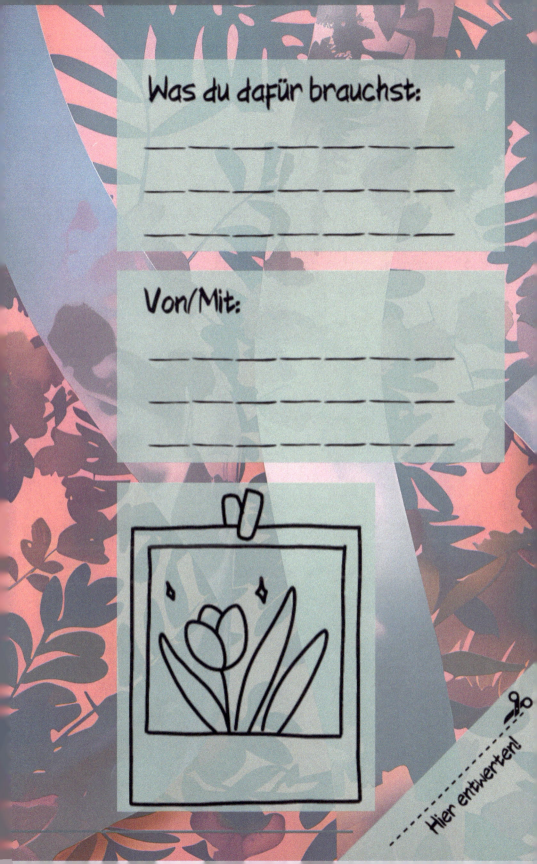

Gutschein Nr. 30

Kategorie:
- ☐ Essen & Trinken
- ☐ Wellness & Entspannung
- ☐ Ausflug & Reise
- ☐ Verrücktes & Kreatives
- ☐ Schönes & Praktisches

Wann und wo:

Tag: _____

Zeit: _____

Ort: _____

Was dich erwartet:

_____

_____

_____

Gültig bis:

_____

Gutschein Nr. 31

Kategorie:
- 🐟 ☐ Essen & Trinken
- ☀ ☐ Wellness & Entspannung
- ✈ ☐ Ausflug & Reise
- ❀ ☐ Verrücktes & Kreatives
- ♡ ☐ Schönes & Praktisches

Wann und wo:

Tag: _____

Zeit: _____

Ort: _____

Was dich erwartet:

_____

_____

_____

Gültig bis:

_____

Was du dafür brauchst:
___ ___ ___ ___ ___ ___
___ ___ ___ ___ ___ ___
___ ___ ___ ___ ___ ___

Von/Mit:
___ ___ ___ ___ ___ ___
___ ___ ___ ___ ___ ___
___ ___ ___ ___ ___ ___

Hier entwerten!

Gutschein Nr. 32

Kategorie:

- 🐟 ☐ Essen & Trinken
- ☀ ☐ Wellness & Entspannung
- ✈ ☐ Ausflug & Reise
- ❀ ☐ Verrücktes & Kreatives
- ♡ ☐ Schönes & Praktisches

Wann und wo:

Tag: _____

Zeit: _____

Ort: _____

Was dich erwartet:

_____

_____

_____

Gültig bis:

_____

Gutschein Nr. 33

Kategorie:

- 🐟 ☐ Essen & Trinken
- ☀ ☐ Wellness & Entspannung
- ✈ ☐ Ausflug & Reise
- ❀ ☐ Verrücktes & Kreatives
- ♡ ☐ Schönes & Praktisches

Wann und wo:

Tag: _____

Zeit: _____

Ort: _____

Was dich erwartet:

_____

_____

_____

Gültig bis:

_____

Was du dafür brauchst:

_____

_____

_____

Von/Mit:

_____

_____

_____

Hier entwerten!

Gutschein Nr. 34

Kategorie:
- 🐟 ☐ Essen & Trinken
- ☀ ☐ Wellness & Entspannung
- ✈ ☐ Ausflug & Reise
- ❀ ☐ Verrücktes & Kreatives
- ♡ ☐ Schönes & Praktisches

Wann und wo:

Tag: _____

Zeit: _____

Ort: _____

Was dich erwartet:

_____

_____

_____

Gültig bis:

_____

Was du dafür brauchst:

_____

_____

_____

Von/Mit:

_____

_____

_____

Hier entwerten!

Gutschein Nr. 35

Kategorie:
- ☐ Essen & Trinken
- ☐ Wellness & Entspannung
- ☐ Ausflug & Reise
- ☐ Verrücktes & Kreatives
- ☐ Schönes & Praktisches

Wann und wo:

Tag: _____

Zeit: _____

Ort: _____

Was dich erwartet:

_____

_____

_____

Gültig bis:

_____

Gutschein Nr. 36

Kategorie:
- ☐ Essen & Trinken
- ☐ Wellness & Entspannung
- ☐ Ausflug & Reise
- ☐ Verrücktes & Kreatives
- ☐ Schönes & Praktisches

Wann und wo:

Tag: _____

Zeit: _____

Ort: _____

Was dich erwartet:

_____

_____

_____

Gültig bis:

_____

Gutschein Nr. 37

Kategorie:
- ☐ Essen & Trinken
- ☐ Wellness & Entspannung
- ☐ Ausflug & Reise
- ☐ Verrücktes & Kreatives
- ☐ Schönes & Praktisches

Wann und wo:

Tag: _____

Zeit: _____

Ort: _____

Was dich erwartet:

_____

_____

_____

Gültig bis:

_____

Gutschein Nr. 38

Kategorie:
- 🐟 ☐ Essen & Trinken
- ☀ ☐ Wellness & Entspannung
- ✈ ☐ Ausflug & Reise
- ❀ ☐ Verrücktes & Kreatives
- ♡ ☐ Schönes & Praktisches

Wann und wo:

Tag: _____

Zeit: _____

Ort: _____

Was dich erwartet:

_____

_____

_____

Gültig bis:

_____

Gutschein Nr. 39

Kategorie:
- ☐ Essen & Trinken
- ☐ Wellness & Entspannung
- ☐ Ausflug & Reise
- ☐ Verrücktes & Kreatives
- ☐ Schönes & Praktisches

Wann und wo:

Tag: _____

Zeit: _____

Ort: _____

Was dich erwartet:

_____

_____

_____

Gültig bis:

_____

Gutschein Nr. 40

Kategorie:
- 🐟 ☐ Essen & Trinken
- ☀ ☐ Wellness & Entspannung
- ✈ ☐ Ausflug & Reise
- ❁ ☐ Verrücktes & Kreatives
- ♥ ☐ Schönes & Praktisches

Wann und wo:

Tag: _____

Zeit: _____

Ort: _____

Was dich erwartet:

_____

_____

_____

Gültig bis:

_____

Impressum

Fabulous Forty

40 fabelhafte Gutscheine

Dr. Dr. Johanna Wrede
Elbgaustraße 190
22547 Hamburg

kdp.johanna@gmail.com

Independently published

Alle Rechte vorbehalten

1. Auflage 2024

Hamburg, Deutschland

ISBN 978-3-911097-14-7

Das Werk, einschließlich seiner Teile, ist urheberrechtlich geschützt. Jede Verwertung ist ohne Zustimmung der Autorin unzulässig. Dies gilt insbesondere für die elektronische oder sonstige Vervielfältigung, Übersetzung, Verbreitung und öffentliche Zugänglichmachung.

Die Deutsche Nationalbibliothek verzeichnet diese Publikation in der Deutschen Nationalbibliographie. Detaillierte bibliographische Daten sind im Internet unter http://dnb.d-nb.de abrufbar.

Printed in Poland
by Amazon Fulfillment
Poland Sp. z o.o., Wrocław

36115300R00050